AF328224

DESCRIPTION

DU CHATEAU ET DU PARC DE

MÉRÉVILLE.

PARIS,

IMPRIMERIE DE BÉTHUNE ET PLON,

RUE DE VAUGIRARD, 36.

1835.

DESCRIPTION

DU CHATEAU ET DU PARC

DE MÉRÉVILLE.

LK 4798

DESCRIPTION

DU CHATEAU ET DU PARC DE

MÉRÉVILLE.

C'est mieux que la nature, et cependant c'est elle;
C'est un tableau parfait, qui n'a point de modèle.
DELILLE, poème des *Jardins.*

BIBLIOTHEQUE ROYALE

PARIS,

IMPRIMERIE DE BÉTHUNE ET PLON,
RUE DE VAUGIRARD, 36.

1835.

A M. le comte de Saint-Roman,

Ancien pair de France,

Chevalier des ordres de Saint-Louis et de la Légion-d'Honneur.

MONSIEUR LE COMTE,

L'éducation de messieurs vos petits-fils que j'ai l'honneur de faire me procure l'occasion précieuse de parcourir à volonté votre riche domaine. Chaque jour, et toujours avec un nouveau plaisir, je contemple les beautés que renferme ce séjour fortuné qui excite, à juste titre, l'admiration générale. Si la fortune colossale de M. de Laborde le mit à même de montrer son amour pour les arts en décorant le château et en élevant les monumens du parc, en créant tout et en imitant la nature; non moins distingué par votre bon goût et par votre amour pour la belle nature et les arts, vous conservez soigneusement cette magnifique habitation, que vous avez arrachée à une destruction totale. Pour en avoir fait dignement la description, il m'aurait fallu votre plume. Heureux si vous voulez bien agréer l'hommage de ce petit travail, pour lequel je réclame votre indulgence.

J'ai l'honneur d'être, avec un profond respect,

Monsieur le Comte,

Votre très-humble et
obéissant serviteur,

DUSAUT.

MÉRÉVILLE.

A dix-sept lieues de Paris, près de la route d'Orléans, entre Étampes et Angerville, département de Seine-et-Oise, est le bourg de Méréville, dont l'étymologie pourrait être *mira villa*, maison de campagne admirable. Il est situé dans une jolie vallée arrosée par la Juine, petite rivière, dont la source est à une lieue de Méréville, et qui, réunie à celle d'Étampes et grossie du Loet, prend le nom d'Essones qu'elle conserve jusqu'à son embouchure dans la Seine, près de Corbeilles. Il est renommé pour son château et son parc dessiné à l'anglaise ou plutôt dans le genre suisse ; les eaux, les ponts, les plantations, les bois, les bosquets, les mouvemens de terrain ; les rochers, les monumens qui en font l'ornement, sont dignes de fixer l'attention des amateurs de la nature, des amis des arts, et attirent chaque jour une foule de voyageurs. Ce délicieux séjour, comparable aux plus magnifiques de l'Angleterre, l'emporte par la grandeur sur tous ceux que la France offre dans ce genre.

LE CHATEAU.

I. Le château de Méréville, qui remonte au temps de François Ier, était un bâtiment sans caractère, qu'on eût pu appeler les Quatre-Tours, à cause des tourelles construites aux quatre angles : les deux du levant forment des avant-corps très-saillans. Après avoir long-temps appartenu à une famille de La Tour-du-Pin, il fut vendu, en 1784, à M. de Laborde (1), riche banquier

(1) M. de Laborde, d'origine béarnaise, sans aïeux et sans fortune, vint à Paris et entra, avec des appointemens de 600 fr., chez un homme de finances. La roue de la fortune ayan

de la cour, qui le fit entièrement restaurer.
On y ajouta deux grandes ailes, dont le toit
en plate-forme était orné d'une rampe en
pierre ; aux quatre coins étaient comme sus-
pendues de petites tourelles qui se termi-

tourné pour lui, il devint un de ces personna-
ges privilégiés dont le contact a le pouvoir de
tout métamorphoser en or. Sa fortune fut colossale. On est étonné que lors de son arresta-
tion, en 1793, les réclamations de la commune
et du canton de Méréville, dictées par un sentiment de reconnaissance pour les bienfaits qu'il
avait répandus dans cette partie de la Beauce,
n'aient pu l'arracher à l'échafaud. Mais en sup-
posant même qu'on eût fait pour lui plus qu'on
n'a fait, il était difficile, pour ne pas dire im-
possible, qu'avec des richesses immenses il ne
pérît pas dans ces temps d'anarchie et de sang
qui ont couvert la France de deuil et de ruines, dans ces temps affreux où la hache révolutionnaire se promenait, comme l'épée de Tar-
quin, sur les têtes les plus élevées ; dans ces temps
d'horrible et sanglante mémoire où l'innocence
et la vertu étaient des causes de détention et
des titres à l'échafaud. D'ailleurs il avait contre

naient en cul de lampe. Un M. Despagnac(1), devenu propriétaire du château de Méréville, diminua de moitié les deux ailes et enleva ainsi à la maison les deux plus belles pièces ; par-là, il fit preuve ou du plus mauvais goût ou d'une sotte avidité. La pièce

lui d'avoir sollicité et obtenu la place de garde du trésor royal, sous le ministère Necker, à une époque de détresse publiqué ; et d'avoir été, quoique injustement, dénoncé au parlement, comme coupable de l'accaparement et du monopole des grains, par Lecoigneux, confident de d'Orléans-Egalité, qui, voulant à quelque prix que ce fût ceindre le diadême, avait fait transporter le blé en Angleterre ou jeter à la mer pour mécontenter et soulever le peuple contre la cour, et le pousser à demander la tête du vertueux mais trop faible Louis XVI.

(1) M. Despagnac était un maçon qui s'était fait entrepreneur de bâtimens. Il acheta la terre de Méréville sans pouvoir la payer, et fut contraint de la revendre. S'il n'avait pas trouvé d'amateur, il aurait abattu tous les monumens et les bois du parc, pour livrer le terrain à l'agriculture, et aurait morcelé la terre.

du sud était le salon d'été, où l'on admirait
six grands tableaux du célèbre Vernet, qui
ont été achetés pour le château royal de
Saint-Cloud. Celle du nord, la grande salle à
manger, toute en stuc, était décorée de huit
colonnes, de l'ordre toscan, qui sont main-
tenant l'ornement du petit temple. On y
voyait six belles statues aussi en stuc, presque de grandeur naturelle, placées sur des
piédestaux cannelés ; quatre de ces statues
sont actuellement dans la grande salle à
manger, et représentent Vertumne et Flore,
les deux autres se trouvent dans la petite
salle à manger. Les cornes d'abondance
qu'elles tiennent servaient à porter des gi-
randoles.

A la place de ces deux superbes pièces se
trouvent deux jolies terrasses, garnies de
rampes en fer et ornées de fleurs et de
plantes odoriférantes, telles que le laurier-
rose, le citronnier, l'oranger, le grenadier,
le myrthe. Devant la porte d'entrée est un
large perron de cinq marches qui s'étend

d'une tourelle à l'autre. Le château a trois étages. Il est éclairé par cent dix croisées, dont trente-quatre sur la façade occidentale. Il a cent quarante-quatre pieds de long, non compris les terrasses, et soixante-trois de large.

II. L'intérieur offre une suite d'appartemens remarquables par le bon goût qui y règne, et l'effet que produisent les portes vitrées du rez-de-chaussée est admirable. Le vestibule, qui a trente-trois pieds de longueur sur quinze de largeur, est orné de six colonnes en pierre, de l'ordre toscan, dont la base repose sur de grandes dalles de marbre blanc avec des veines bleues, qui forment le pavé. En y entrant, vous croiriez apercevoir dans un enfoncement un autel tel que les anciens en dédiaient à Vesta : c'est un très-beau poêle surmonté de l'oiseau favori de Jupiter, qui tient dans ses serres les foudres de ce maître des dieux, et qu'à son air majestueux vous prendriez pour le roi Périphas changé en aigle.

III. La grande salle à manger, autrefois la petite, toute en stuc, pavée en marbre blanc, a trente-six pieds de long, dix-neuf de large et vingt de haut. Quatre colonnes supportent une belle et large corniche de laquelle s'élève une espèce de dôme terminé par un vitrage. Dans quatre niches, sur des piédestaux, sont placées les statues de l'ancienne salle à manger, qui, quoiqu'un peu raides, méritent de fixer l'attention des connaisseurs. De belles glaces, d'un seul morceau et de huit pieds de hauteur, enrichissent deux cheminées de marbre jaune, chargées de décorations en cuivre doré. Les tables, les portes, ainsi que presque toutes celles du rez-de-chaussée et du premier étage, sont en bois d'acajou.

IV. La petite salle à manger, qui était auparavant la salle de billard, n'a de remarquable qu'un riche buffet de service et deux statues de Flore. O y voit quatre portraits parfaitement ressemblans de la famille de St-Roman, faits par Diteler, peintre suisse.

Les deux tableaux qui l'ornaient autrefois sont dans le billard actuel.

V. Le grand salon, jadis salon d'hiver, a trente pieds de long sur vingt-et-un de large. Il est éclairé par cinq portes vitrées, dont trois sur une terrasse d'où l'on découvre les plus riantes perspectives. On voit dans cette pièce quatre grands tableaux de Robert, représentant les quatre ordres d'architecture : toscan, dorique, ionique et corinthien; ils sont très-estimés des connaisseurs. Cet appartement est décoré d'un lustre en cristal; les chambranles de la cheminée, la pendule, les glaces, les consoles sont d'une grande beauté.

VI. La salle de billard, auparavant la bibliothèque, est une très-belle pièce qui a vingt-six pieds de longueur, dix-huit de largeur et vingt de hauteur. Comme dans la grande salle à manger, les lambris sont en stuc et, se rapprochant par le haut, forment une sorte de dôme également éclairé par un vitrage. Les chambranles en marbre noir, la glace et le billard sont remarquables ; et ce qui n'échappe pas aux regards, ce sont deux beaux tableaux qu'on croit être de Vernet.

VII. La salle d'acajou, qui servait de cabinet à M. de Laborde, est une rotonde dont les murs sont revêtus de lambris d'acajou ; les armoires et les portes sont aussi en acajou. La profusion de ce bois précieux rend cet appartement très-riche, mais sombre et triste : effet qu'on a voulu détruire par les glaces qu'on y a multipliées ; celle de la cheminée est magnifique. Cette pièce sert de salon dans l'automne, lorsque la famille est seule.

VIII. Les chambres à coucher, tant du rez-de-chaussée que du premier étage, ainsi que la salle des bains, pavée en marbre, sont remarquables par la grandeur des glaces, la beauté des cheminées en marbre de diverses couleurs, et par la richesse des meubles et des portes en acajou.

IX. La chapelle nouvellement cons-

truite au fond du corridor du premier
étage et décorée avec soin, mérite d'être
vue. Les vases sacrés, la garniture de l'autel, les ornemens sacerdotaux , ouvrages
des pieuses châtelaines, réunissent ce que
le bon goût et l'art peuvent offrir de plus
élégant et de plus beau. L'ancienne chapelle qui se trouve dans une des grandes
salles de la galerie abandonnée, n'a point
été restaurée à cause de l'humidité qui y est
continuellement produite par l'infiltration
de l'eau, et qui y forme en abondance, ainsi
que sous toute la terrasse, des stalactites et
des stalagmites (1), non de cristal, mais de
salpêtre ; ce qui rend cette galerie inhabi-
table.

A la vue de tant de beautés et de tant
d'opulence , le voyageur, l'amateur des

(1) La stalactite, du mot grec *stalaktos*, qui
distille, est une concrétion pierreuse qui tombe
goutte à goutte du plafond. — La stalagmite,
stalagmos, distillation, est la stalactite en mamelon, en remontant.

beaux-arts, saisi d'étonnement et d'admiration, demeure extasié; il ne cesse de s'écrier : Quelle magnificence ! Quelle richesse ! il n'y a qu'un Méréville !.... On trouve rarement en effet, excepté dans les maisons royales, des appartemens aussi remarquablement beaux.

LE PARC.

X. Le château n'avait qu'une cour et une petite prairie. Pour former le parc, digne objet de la curiosité générale, M. de Laborde fut obligé d'acheter, au prix de l'or, diverses portions de terre, qui, comme une partie considérable de la vallée, n'étaient qu'un marais fangeux ou un terrain montueux et stérile. Le sol fut créé, animé, couvert d'agréables bosquets et d'épais bocages, et planté d'arbres de toutes espèces ; on y fit des mouvemens de terrain prodigieux ; des montagnes et des rochers furent

composés, des grottes construites, des ca-
naux creusés, de beaux ponts jetés sur la
rivière dont on divisa les eaux ; l'utile étant
joint à l'agréable, il fut formé de bonnes
prairies. Le génie triompha de tout ; et la
nature, façonnée à volonté et heureusement
imitée, fut surprise de se trouver dans le
parc de Méréville dessiné comme par mira-
cle ; les enchanteurs qui opérèrent cette
métamorphose, furent le peintre Robert
et l'architecte Bellanger. On ne voit point
dans le parc de ces petites fabriques qui ne
sont que des colifichets ; le grandiose, la
richesse et l'élégance sont le caráctère dis-
tinctif des beaux monumens dont il est
décoré ; ils attestent le bon goût et le talent
des grands artistes qui les ont élevés, l'a-
mour de M. de Laborde pour les arts et sa
fortune colossale ; pour leur création et
leurs ornemens, neuf ou dix millions ont
été dépensés. En considérant ce jardin délicieux, dont les masses sont imposantes et
les détails charmans, où règne la variété,

où l'art se cache si bien sous les traits de la nature qu'on le prendrait pour elle-même, où l'on ne voit point de ces symétriques alignemens, de ces courbes calculées qui commandent la stupide admiration, où tout séduit les yeux, où tout parle au cœur, où se trouvent des bois toujours verts, des arbres adoriférans, des prairies semées de fleurs et entrecoupées de ruisseaux qui coulent avec un doux murmure, des oiseaux qui chantent sans cesse dans les bocages; en considérant ce séjour fortuné on pourrait se représenter l'Élisée dont Virgile a fait de si belles descriptions, si cette nature riante, gracieuse, champêtre, paisible n'était pas quelquefois à demi-voilée par un réseau de brouillard argenté qui s'élève des prés humides; on pourrait aussi le prendre pour l'île de Calypso, s'il offrait l'image d'un printemps éternel. Il contient cent cinquante arpens ; et, si l'on eût pu y réunir le petit parc, il aurait été de deux-cents. Les chemins tortueux qui le sillonnent en tous sens, le font paraître beaucoup plus grand qu'il n'est.

XI. Avant de visiter ce parc, que les grâces dessinèrent en riant et dont les formes sont les plus variées et les plus ravissantes, le promeneur doit d'abord remarquer devant le château, sur la pelouse de gazon bien vert et tondu de très-près qui semble sous les pieds un tapis de velours, une jolie volière à six angles, remplie de petits oiseaux ; comme : serins, bouvreuils, chardonnerets, bruants, gorges-rouges. Le bouquet de tilleuls et de marronniers qui l'entoure paraît avoir été planté à cette fin et la préserve des ardeurs du soleil. Le promeneur admirera ensuite les beaux points de vue qu'on a du château. Placé sur le diazome du perron de la façade occidentale, il aperçoit un magnifique paysage qui se dessine au nord-ouest. Le fond du tableau est un large rideau de noirs sapins, entassés sur le côteau qui était autrefois livré à la culture de la vigne. Au centre, on aperçoit une jolie basse-cour suisse avec un élégant colombier, rond, qui, construit au bas des sapins, n'en est point écrasé et domine avec grâce sur un verger spacieux et bien planté, jadis le potager, au milieu duquel est un cordon de hauts peupliers qui cachent une fontaine à pompe, dont les eaux alimentent plusieurs réservoirs dans le château. Si vous portez votre vue à gauche, vous découvrez quelques colonnes et un toît surmonté d'une boule; c'est un petit temple consacré à Vénus; situé sur la pente du côteau, il se détache à merveille des arbres touffus qui l'environnent. Ce site pittoresque tracé sur une grande échelle est l'objet de l'admiration des amateurs qui ont soin d'en enrichir leur album. — Du côté du levant, le château a un large perron, droit, de onze marches, sans rampes, conduisant à une terrasse qui règne le long de la maison. De là on découvre une perspective dont l'effet magique étonne et enchante, peut être senti mais non rendu.

On voit d'abord à droite, dans un enfoncement obscurci par les branches entrela-
cées d'arbres très-hauts, le pont des roches
couvert de lierres qui descendent en longues draperies jusque dans l'eau. En tombant dans un bassin qu'elle remplit d'une
écume aussi blanche que la neige, la Juine
forme une jolie cascade qu'on voit à la
droite du pont. Le bruit qu'elle fait et le vent
gémissant entre les arbres produisent le
murmure lointain qui vient frapper agréa-
blement vos oreilles; placé sur les rochers
de la terrasse comme sur une falaise de
l'Océan, vous croiriez entendre le mugissement des vagues de la mer. Si vous exa-
minez le centre de cet immense paysage,
vous voyez une colonne rostrale surmontée d'une grosse boule dorée et étincelante
comme un soleil; elle est élevée au milieu
d'une île dans le grand lac dont vous entre-
voyez les eaux argentées. Un beau pont
orné de boules d'or se présente à vos yeux,
il est sur la rivière qui, sortant du lac, vient

par un long détour former la petite cascade du pont des roches. Devant vous s'étend une grande prairie animée par un troupeau de belles vaches, où la rivière se joue en replis d'azur ou d'émail comme un serpent tortueux à travers les fleurs, et où elle forme ensuite l'île Natalie avec laquelle on communique de ce côté par un pont que les bois laissent un peu apercevoir. Dans cette prairie on distingue des arbres de beaucoup d'espèces, tant exotiques qu'indigènes, dont on a ménagé avec un soin étonnant et un goût admirable, les masses, la hauteur et la verdure (1). Le terrain s'élevant par degrés forme un amphithéâtre d'arbres, un rideau très-étendu de sapins, derrière lesquels on voit apparaître majestueusement une colonne aussi haute que celle de la place Vendôme, et un petit château avec sa tourelle, à gauche, les bosquets parais-

(1) Pour le détail, voir à la fin du cahier le tableau des arbres du parc.

sent s'entr'ouvrir pour faire voir dans une clairière le pont des ruines. Il n'est pas donné de rendre l'expression de cet immense panorama champêtre. Il faudrait être barbare, bien peu amateur de la belle et vraie nature, pour ne pas demeurer extasié à la vue de tant de beautés qui doivent bien disposer les promeneurs et leur inspirer le désir de les visiter en détail.

XII. Après avoir ainsi admiré des deux côtés du château ces beaux paysages, on prend le chemin qui part du midi du château, où est un cadran horizontal en marbre blanc monté sur une colonne cannelée; on rencontre sur son passage une petite grotte au fond de laquelle est la porte d'une glacière. On parcourt d'agréables bocages situés, les uns sur le penchant d'une colline bordée de rochers, au milieu desquels sont de jolies grottes; les autres, le long d'une chaussée où se trouvent des saules magnifiques, et d'autres arbres aussi beaux que dans les forêts vierges de l'Amé-

rique. On arrive au bord d'une large rivière qui, sortie du grand lac, vient se
précipiter dans un bassin et forme cette
jolie cascade qu'on voit du château. Le
pont des roches, masse énorme de pierres
que le courant semble avoir percée, était
autrefois beaucoup plus élevé. Aux quatre
angles il y avait des grottes ; celles qui do-
minaient sur le bassin étaient doubles et
placées les unes sur les autres ; mais le
pont s'étant affaissé également des deux
côtés de six à sept pieds, elles ont été cnse-
velies sous l'eau, excepté une qui était plus
haute, comme pour faire voir quelle avait
été la beauté de ces grottes ornées des plus
riches coquillages du Nouveau-Monde.

XIII. Ayant suivi des yeux les diverses
sinuosités que forme la rivière dans son
libre cours, en traversant des prés émaillés
de fleurs sauvages, et particulièrement de
safran ; ayant remarqué ces représentations
si piquantes et si fidèles, que produit le
reflet des objets qui se peignent dans l'eau,

et surtout celui du château, on se dirige vers le pont des boules d'or. Pour y arriver, il n'y a qu'à parcourir le chemin qui, partant du pont des roches, longe la rivière (1). Ce pont, décoré de 24 boules en cuivre doré, est très-élégant ; il est jeté sur la rivière à sa sortie du grand lac qu'elle a formé au milieu des prairies. De ce pont, dont la longueur est de 40 pieds, on découvre des sites très-variés ; la vue se trouve principalement partagée entre deux aspects, l'un terrestre et l'autre aquatique. D'un côté, la prairie coupée par la rivière, les rochers

(1) A la gauche du joli ruisseau qui, après avoir fait tourner la roue d'un moulin très-pittoresque, vient se jeter dans le bassin du pont des roches, on découvre, au milieu de charmans bosquets, une fontaine d'eau vive aussi claire que le cristal ; le piédestal en marbre blanc, autrefois surmonté de la baigneuse de la laiterie, est orné d'une gueule de lion d'où l'eau tombe dans une cuvette également en marbre blanc.

de la terrasse, le château qui domine, à droite et à gauche des massifs bien ménagés, tout cela forme un paysage admirable. Mais quand, tourné de l'autre côté, on considère celui que présente le lac, on tombe dans un étonnement ravissant. On a devant soi le grand lac dont l'étendue est dé quatre arpens ; sur ses eaux poissonneuses on voit voltiger de nombreux martins-pêcheurs au plumage azuré, et se jouer une famille de cygnes d'une blancheur qui efface celle de la neige ; dans le cristal de ses eaux se réfléchissent les arbres qui le bordent et la laiterie, sous la forme d'un temple, à moitié voilée par un magnifique marronnier. A droite, est un beau colombier en brique adossé à un massif épais de larges tilleuls et d'énormes catalpas. On aperçoit sortir avec majesté du milieu des bois, la colonne et les fabriques du petit parc. Ces points de vue sont délicieux, et les amateurs ne manquent pas de les dessiner.

XIV. Non loin du pont des boules d'or,

on voit dans le lac l'île de la colonne, au milieu de laquelle s'élève une colonne rostrale de 36 pieds de hauteur, dont la base est en marbre bleu et le fût, formé seulement de deux blocs, en marbre blanc. Elle est ornée de quatre proues de navires en bronze, et surmontée d'une très grosse boule en cuivre doré, qui paraît un globe lumineux lorsqu'elle reflète les rayons du soleil. Ce monument sans inscription a été érigé en mémoire des deux fils de M. de Laborde qui, avides de gloire ou lassés de la vie trop douce que leur procuraient les richesses immenses de leur père (1), s'embarquèrent avec Lapérouse, et périrent victimes d'un acte de courage et de générosité sur les côtes de la Californie.

XV. En côtoyant les rives du lac, vous rencontrez la rivière qui le forme; vous la

(1) Outre ses capitaux, M. de Laborde avait en France plus de 300,000 fr. de rentes, et en Amérique plus de 1,800,000 fr.

remontez, et soudain un beau tableau frappe vos regards étonnés. A gauche, le plus beau saule-pleureur qu'il soit possible de voir ombrage le chemin, dont les détours suivent la rivière qui en cet endroit entre dans le parc. A droite, un petit pont agreste est placé sur le ruisseau qui, après avoir fait tourner la roue d'un moulin qu'on aperçoit, se divise et coupe le terrain en forme de péninsule. Au centre de ce joli paysage, le moulin environné de hauts arbres qui le couvrent de leurs rameaux, est d'un genre très pittoresque. Une galerie tournante qui est supportée par des colonnes toscanes engagées dans les murs, sert de balcon aux appartemens du premier étage, où la fille de M. de Laborde se plaisait souvent à aller. Le bruit de la roue, le battement mesuré qu'elle produit, son mouvement égal et successif, la portaient sans doute à une rêverie qui lui était agréable; peut-être comparait-elle le temps à l'eau, et cherchait-elle à en connaître le prix ; peut-être se représentait-elle que , tandis que l'onde s'écoulait et que la roue obéissait à ses prompts mouvemens , le fuseau de ses jours roulerait sans s'arrêter jusqu'à ce que le fil fût coupé. La maison est surmontée d'un pavillon carré d'où l'on découvre, d'un côté une partie des jardins, et de l'autre une perspective magnifique sur la vallée : on a devant soi la vallée au milieu de laquelle coule la rivière; on y voit un cygne, sorti du parc, qu'on prendrait pour Cycnus, qui, pleurant sur le sort de l'imprudent Phaéton , son ami, tombé dans l'Eridan , fut changé en cygne par Apollon. A droite, le village de S. Père, dominé par l'église, paraît avec grâce sur la cîme du côteau. A gauche, se profile une colline sur le flanc de laquelle les arbres verts sont multipliés.

XVI. Le voyageur, ravi de tant de beautés naturelles, passe la rivière sur un grand pont, dit le pont Gris du moulin, et se dirige vers la laiterie. Il peut suivre les contours du chemin qui est devant lui, mais il vaut mieux prendre celui de gauche qui le conduira au lac, et en côtoyer les bords. Il ne tarde pas à découvrir, près du lac, qui en cet endroit a la forme d'une baie, la laiterie qui surpasse tout ce qu'il en attendait. Le portique est formé d'une demi-rotonde : six colonnes d'ordre ionique, dont la base repose sur trois degrés, supportent la calotte. L'intérieur, qu'on prendrait pour un temple champêtre, était autrefois une salle d'agrément couverte d'un vitrage et pavée en marbre. Cette salle pouvait paraître plus riche, mais aujourd'hui, tout-à-fait sauvage, elle est plus belle, parce qu'elle se rapproche davantage de la nature. On est étonné d'y voir, sous une apparence de simplicité rustique, des objets capables de plaire et de flatter les yeux. On n'y remarque pas, il est vrai, de l'or, de l'argent, des tableaux, des statues ; mais le fond présente un rocher formant plusieurs grottes profondes et circulaires dont les entrées sont aux côtés. Dans celle du milieu, on voit une baigneuse en marbre blanc : c'est Diane qui, placée sur une pierre, est prête à se jeter dans une fontaine pour prendre un bain voluptueux ; elle est à moitié voilée par le lierre qui s'abaisse du haut du rocher devant la grotte, et qui, doublant sa douce obscurité, ajoute à la blancheur de la déesse. L'eau de la fontaine, amenée par plusieurs conduits de plus d'une demi-lieue de longueur, tombe en cascade ; elle sort ensuite des extrémités du réservoir pour former deux courans qui, après avoir coulé dans des rigoles, vont réunir leurs eaux aussi pures et aussi claires que le cristal à celles du petit lac. Les murs intérieurs sont ornés de niches et tapissés de lierres qui étendent leurs branches souples en festons. Il ne manque à ce réduit enchanteur que d'être noirci par la main du temps. La muse pourrait dans ce lieu solitaire et sombre rêver silencieuse. Le promeneur demeurerait long-temps extasié devant le génie qui a présidé à sa formation, si les zéphirs et l'eau n'y entretenaient une grande fraîcheur qui le fait quitter trop tôt. On passe sous une longue voûte taillée dans le roc et pleine de rocailles, au bout de laquelle est une grille de fer. Les tapis de verdure qui environnent la laiterie sont émaillés de fleurs qui répandent le plus suave des parfums. Là on trouve des arbres touffus et serrés, des bosquets épais que le soleil ne saurait pénétrer ; là on n'entend jamais que le doux bruit de la cascade ou le chant joyeux du sansonnet, les accords vifs et gais de la fauvette, le ramage mélodieux de la linotte et du chardonneret, les modulations harmonieuses du pinçon et de la gorge-rouge, quelquefois troublées par la voix sonore et perçante du loriot et du troglodyte, par le cri aigu et anti-musical du pouillot et du roitelet.

XVII. Le terrain devient ensuite inégal. Vous avez devant vous un petit sentier avec des escaliers pratiqués sur la pente d'un cô-

teau; en les suivant, vous rencontrez des
rochers énormes, des grottes sauvages qui
peuvent être pour vous des lieux agréables
de repos, et vous arrivez à un pavillon, espèce de belvéder en saillie sur la grande
cascade, établi sur un rocher détaché de la
montagne et presqu'entouré des eaux lim-
pides du petit lac : vous croiriez trouver un
petit temple rustique consacré à l'auteur
de la nature. Du balcon qui l'entoure, vous
voyez, non un de ces beaux paysages qui
charment les yeux et élèvent l'âme, comme
il y en a tant dans ce grand jardin, mais un
précipice affreux qu'on ne peut regarder
sans frémir. L'eau venant à grands flots de
trois quarts de lieue, sort du flanc de la
montagne par cinq bouches qui semblent
autant de torrens en cataractes, se précipite
avec un mugissement pareil à celui de la
mer et tombe à grands bouillons pleins d'é-
cume sur des rochers couverts d'une
mousse verte; le petit lac lui sert de bassin. Les noirs sapins dont la montagne est

chargée, sont si épais qu'à peine le soleil peut-il y faire luire ses rayons et répandent sur ce lieu plein de beauté et d'horreur un sombre qui porte à la méditation, enflamme l'imagination du poëte et lui inspire de hautes pensées. Près de la chute d'eau sont des grottes magnifiques qu'il ne faut pas oublier de visiter. Après avoir promené ses regards timides et tremblans sur ce lieu désert et sauvage, on se repose sur les canapés de mousse qui sont placés dans le pavillon. On reprend ensuite le même chemin dans les gorges de la montagne ; un escalier de quarante degrés conduit à des grottes souterraines. A peine avez-vous descendu quelques marches que l'obscurité vous environne, vous avancez en tremblant; l'espérance ne renaît qu'avec la lumière ; le jour paraît et découvre à l'œil surpris et enchanté la beauté des grottes où se trouvent quelques stalactites de salpêtre. Assis sur un banc de pierre que le ciseau et le marteau ont formé dans le roc, vous contemplez en silence et avec étonnement cette masse considérable de rochers qui vous environne et qui semble menacer votre tête; cette grotte profonde, véritable asile romanesque où la muse pourrait cacher sa revêrie; ce torrent qui paraît devoir tout briser, tout engloutir, et qui vous couvre d'imperceptibles globules d'eau; ce roc solide sur lequel est construit le pavillon et qui ne craint ni les vents ni les tempêtes; image réelle du sage dont aucun événement ne peut altérer la fermeté, la constance et la vertu. Après avoir long-temps examiné ces merveilles, vous vous demandez si elles sont l'œuvre de l'art ou de la nature. L'eau forme un joli lac, moins grand que le premier; une famille des oiseaux consacrés à Apollon et à Vénus vogue avec grâce sur les eaux devenues calmes et transparentes. Un pont agreste mène à l'île de la cascade, petite île en forme de mamelon où se trouvent deux blancs de Hollande (trembles) magnifiques, dont la cîme s'élance dans les

airs et qui bravent impunément les efforts
du temps. De là, placé sur un banc construit
avec des branches brutes, l'amateur peut
revoir avec un nouveau plaisir le tableau de
la cascade si admiré ; son œil est enchanté,
son ame est émue à l'aspect de ce lieu solitaire dont le silence n'est interrompu que
par les fredons variés, doux et harmonieux,
du rossignol, le roucoulement du pigeon,
le gémissement de la tourterelle, le croas-
sement du corbeau, les cris aigus du geai
et du pic-vert. Pour peu qu'il se laisse aller
à quelques réflexions, son esprit est élevé
aux choses invisibles de Dieu par les merveilles visibles de la nature ; son imagination est transportée aux pieds de cette
puissance créatrice si grande, si généreuse
dans toutes ses œuvres, si ingénieuse à em-
bellir le séjour passager de l'homme. A peu
de distance paraît une autre île beaucoup
plus grande, l'île du temple. Un temple y
avait été construit, mais, près d'être terminé, il s'est penché et enfoncé dans la terre

entr'ouverte. Ce fut après cet événement que M. de Laborde fit bâtir celui qui est sur la colline au nord du château. La rivière qui sort du lac coule, après avoir formé ces deux îles désertes, entre un épais bocage et la prairie où l'on remarque une abondante végétation, de très beaux arbres, des massifs d'arbres à fleurs qui flattent également l'odorat et la vue, des bosquets coupés par d'agréables sentiers ménagés de manière à former et à laisser voir des points de vue charmans et multipliés.

XVIII. Ayant traversé la rivière qu'on laisse pour un instant, on prend à droite, à travers un massif très-étendu de sapins, un petit sentier qui semble être l'effet du hasard et qui conduit à un plateau formé sur le flanc d'une montagne, où sont trois grottes solitaires, dont deux construites en cailloutage, et la troisième en pierres de cristallisation ou cristaux. Le silence, la solitude, les rochers escarpés, les sentiers tortueux et peu fréquentés, tout rend ces autres sauvages propres à devenir la demeure d'un philosophe qui, plein de mépris pour le monde, voudrait se retirer dans la retraite et se livrer à l'étude ; ou celle d'un cénobite qui aurait à cœur de se consacrer à la méditation des vérités éternelles et à la pénitence ; qui, content de couler quelques jours misérables pour jouir ensuite d'un bonheur sans fin, chercherait cette paix, cette tranquillité de l'ame que le vrai sage trouve dans l'innocence et qu'il sent toujours renaître dans son cœur.

XIX. On revient à la rivière, qui se rapproche peu-à-peu du côteau, et baigne les bords d'un bocage solitaire. C'est là que l'engouement de M. de Laborde pour l'anglomanie a fait ériger un sarcophage à la mémoire du navigateur Cook (1), comme s'il n'eût pas été plus national et plus rationnel

(1) Cook, capitaine anglais, né dans le comté d'Yorck, en 1728, massacré, en 1779, dans l'île d'Owhyhée, la plus considérable des îles Sandwich (dans la mer du Sud).

d'en dédier un à la gloire d'un capitaine français, par exemple de Lapérouse. Ce monument est carré et entouré d'une grille en fer. Quatre colonnes doriques , sans base , reposent sur trois degrés et supportent un plafond, orné d'une belle rosace, sous lequel est une urne de marbre blanc placée sur un piédestal qui est décoré d'un buste en relief d'une ressemblance parfaite. On lit sur le fronton ces vers tirés du poème des Jardins , par Delille :

Cook, reçois ce tribut d'un enfant de la France :
Et que fait son pays à ma reconnaissance?
Ses vertus en ont fait notre concitoyen.
Imitons notre roi, digne d'être le sien.

Sur le piédestal :

De l'Océan, trois fois, il a, dans sa carrière,
Parcouru l'immense contour ;
Et les deux pôles tour-à-tour
L'ont vu de leurs glaçons affronter la barrière.

Sur le revers du piédestal, on lit une autre

inscription à sa louange. Si l'on est curieux de voir la jolie perspective que forme le monument de cet homme de bien, que ses excursions lointaines ont rendu à jamais célèbre, il faut, après avoir passé la rivière, tourner à gauche et se placer sous de beaux catalpas où sont établis des bancs agrestes. On aperçoit le monument ombragé par des saules, et adossé à la montagne qu'on vient de descendre. La rivière forme en cet endroit un lac de peu d'étendue où se réfléchit le monument avec les objets qui l'environnent. Au milieu de cette petite pièce d'eau est l'île de Cook, dans laquelle sont conservés plusieurs arbres, que des lierres magnifiques, dignes d'être consacrés à Bacchus, ont fait périr, et qui formant des quenouilles semblables à des colonnes de bronze vert, sont agréables à voir; la hache du bucheron les épargne. En quittant ce lieu, on suit le cours de la rivière qui afflue dans la grande; et celle-ci, après avoir baigné le potager, roule ses eaux avec rapidité dans la vallée de Saclas et ensuite dans celle d'Etampes. Le voyageur ne se lassera pas d'admirer, d'un côté, les massifs avec leurs différentes verdures et les sites pittoresques si multipliés ; de l'autre, ces agréables bocages où des troupes d'oiseaux plus jolis les uns que les autres font entendre à l'envi leurs charmans concerts. De plus en plus étonné, il donne un libre cours à son imagination et se laisse aller à une douce rêverie, dont il ne sera distrait que par d'autres merveilles qui frapperont ses regards.

XX. Un beau pont de bois de 40 pieds de long, dit le Pont-Blanc du potager, est jeté sur la grande rivière, qu'on remonte et qui forme l'île Natalie (ainsi appelée du nom de la sœur de M. de Laborde). On y entre par un superbe pont d'acajou, garni d'une élégante rampe de fer et décoré de quatre grands vases de pierre placés sur des piédestaux ronds, à cannelures torses. Les plantes rares qui enrichissent l'île, telles que le daphné-lauréole, l'arbousier-unedo , vous invitent à la parcourir. Un joli pont de bois ; le Pont-Ceintré, placé de l'autre côté , vous donne la faculté d'en sortir.

XXI. Un sentier à la gauche de ce pont vous conduit à l'entrée du verger , où vous remarquez à gauche un petit gymnase pour des enfans , et devant vous le cordon de hauts peupliers qui environne la pompe. Mais si , avant d'y arriver , vous promenez vos regards à droite , une rotonde entourée d'une riche colonnade et surmontée d'une coupole hardie que vous apercevez à travers les arbres au sommet d'un côteau , un pont très-élevé sur une nappe de verdure piquent votre curiosité et vous engagent à gravir la colline ; le chemin qui est à droite vous en donne la faculté. En le parcourant, vous trouvez à gauche , entre un peuplier et un tulipier, propres à faire les plus belles études de dessin , un sentier étroit et ombragé qui mène à Bacchus , groupe de marbre blanc , sculpté par Marin , qui représente le dieu du vin dans son enfance, couronné d'une guirlande de vigne, et jouant avec un enfant et une chèvre. Dans cet endroit la vigne étend ses longs sarmens sur les arbres voisins, la lierre presse l'ormeau et le pin, le flanc du côteau est couvert d'une nappe de pervenche dont la fleur azure sa surface, et le bas se termine par de grosses masses de pierre qui forment de jolies grottes. Si l'on suit la pente de la colline, on arrive à un petit escalier grossièrement taillé dans le rocher et on se trouve dans le chemin qu'on a quitté.

XXII. Tout-à-coup le chemin qui se dirige vers les grottes du Pont-des-Ruines se présente à la vue. Le promeneur passe sous une galerie de cavernes qui jette l'effroi dans l'âme la plus rassurée ; elle a 28 toises ou 168 pieds de longueur. Arrivé au pont aussi content que s'il fût sorti d'un danger imminent, il se demande qui de l'art ou de la nature amoncela ces roches informes, y suspendit en guirlande ces rocs menaçans,

forma ce sombre souterrain où les doux
zéphirs conservent une délicieuse fraîcheur
pendant que le blond Phébus monté sur son
char, parcoure la voûte éthérée. A voir
dans ces roches, des fentes, des anfractuo-
sités, des carnes, des pitons, des herbes, des
arbres, qui ne les regarderait comme l'œuvre merveilleuse de la nature? Ne semble-
t-elle pas les avoir façonnées, creusées et
exaspérées avec le ciseau du temps et des
élémens? On s'avance, mais en tremblant,
sur le pont fait avec des troncs et des branches d'arbres toutes brutes, qui sont recou-
vertes et ornées de plantes grimpantes et
parasites, telles que la vigne vierge dont les
feuilles, par leur éclat pourpré, produisent
le plus bel effet. On l'appelle le Pont-des-
Ruines, parce qu'il est construit sur deux
parties d'arches brisées, dont une est sou-
tenue par de grosses pièces de bois, et qu'il
paraît remplacer un pont de pierres abattu.
On le nomme aussi Pont-du-Diable, parce
qu'à l'instar de celui qui est en Suisse sur

la Reuss, il unit deux rochers. On ne voit pas couler dessous une rivière ; mais la verdure, semblable à une eau couverte de plantes mollement penchées par le vent, paraît fuir comme le ruisseau qui s'écoule insensiblement. Un escalier de 50 marches conduit ensuite au grand temple bâti vers le sommet du côteau.

XXIII. Ce temple, à la confection duquel les arts ont mis tous leurs soins, est sur la même forme et dans les mêmes proportions que le temple de la Sibylle à Tivoli ; il est rond et se termine par une coupole. Le soûbassement, dont la hauteur est de cinq pieds et le pourtour de cent quinze, a un prolongement sur lequel s'élève un double escalier circulaire de dix degrés qui conduit à la porte. Règne autour du temple un péristyle formé de dix-huit colonnes d'ordre corinthien, de vingt pieds d'élévation. L'entablement est d'une grande richesse : on remarque dans la corniche la face et l'ove au-dessous, l'astragale, les den-

ticules refendues, les modillons et les rosaces avec leurs cadres sous le soffite; la
frise se compose de têtes de veau unies par
des guirlandes de fruits, au-dessus des-
quelles existent de grandes rosaces. Les
moulures du chapiteau, ainsi que les cadres
et les rosaces du soffite (au plafond du péristyle), sont des modèles de sculpture. On
ne peut se faire une idée de la beauté et de
la richesse de l'intérieur. Il est pavé en
dalles de marbre blanc avec des veines
bleues; les lambris sont en stuc jaune ancien. A la hauteur du chapiteau des colonnes
se trouvent une frise très bien décorée, et
une corniche magnifique. La coupole, en
stuc blanc, est garnie de rosaces qui par leur
grand nombre, leur richesse et leur variété
en augmentent la beauté. Le centre, orné
d'une superbe guirlande de chêne, a la
forme d'une lanterne, terminée par un vitrage qui éclaire cette superbe rotonde. En
face de la porte, est une niche dans laquelle
il y a un piédestal en marbre blanc, qui

était destiné à recevoir le buste de madame de Laborde mère. Le temple est sur le penchant de la colline ; de là on découvre une partie des jardins ainsi que la colonne, le petit château et les anciennes écuries du petit parc.

XXIV. Un chemin au nord du temple conduit à une longue terrasse qui domine sur le potager et la vallée. Assis sur un banc avantageusement placé, on jouit d'un coup d'œil qui étonne. On a à sa gauche la maison du jardinier adossée à un bois de sapins, et une échappée de vue qui se prolonge très au loin dans la vallée où l'on aperçoit de hauts peupliers qui portent leurs têtes superbes jusque dans les nues ; devant soi, le potager vraiment remarquable et par sa grandeur et par sa forme ; la rivière, qui après avoir traversé et embelli le parc, roule avec rapidité ses eaux blanchies par une cascade, et va féconder la vallée ; une côte aride et escarpée que les soins du laboureur forcent à payer leurs

travaux; des arbres verts et quelques maisons jetées çà et là, forment le fond du
tableau. L'œil se repose sur le second parc
où il distingue le petit château et la colonne.
A droite est une masse de verdure coupée
par la terrasse elle-même, qui forme une
longue allée au bout de laquelle se trouve
le temple qu'on entrevoit au travers des
arbres. Cette vaste et ravissante perspective
présente aux yeux une image enchanteresse,
et l'amateur de la belle nature ne cesse de
la contempler avec délices. Il demeurerait
volontiers sur cette terrasse, qui n'est sur-
passée en beauté pittoresque que par celle
de St-Germain, s'il ne lui restait à visiter
d'autres objets dignes de son admiration.

XXV. Une longue allée, dite des sapins,
vous mène au petit temple. C'est une rotonde
dont la calotte est supportée par six colonnes toscanes avec des chapiteaux de l'ordre
ionique, sans corniche et sans frise. Prove-
nues de l'ancienne salle à manger, ces
colonnes sont en stuc, mais altérées, par le

temps. Au milieu est la Vénus Callipyge en marbre blanc ainsi que le piédestal sur lequel elle est debout. En voyant ce monument, on remarque facilement qu'il ne doit pas son origine à M. de Laborde. Non-seulement il n'a pas le grandiose et la richesse qui sont le caractère propre de ses ouvrages, mais encore il manque de goût et des règles de l'architecture (1). Le seul avantage qu'il présente, c'est que, considéré du château, il se détache bien des masses d'arbres qui l'entourent, et fait un point de vue assez pittoresque.

XXVI. Si l'on suivait la grande allée des sapins, on arriverait à la grille et au chemin de Paris, et de là à la basse-cour ou aux écuries. Mais il vaut mieux revenir un peu sur ses pas et prendre la troisième allée à droite, dite de Mouchy, du nom de la

(1) M. Despagnac, en l'érigeant, n'a pas plus donné de preuves de goût et de connaissance de l'art qu'en plantant un rang d'arbres communs sur les bords de l'allée de Paris.

fille de M. de Laborde (épouse de M. de Mouchy, capitaine des gardes), qui aimait beaucoup à se promener dans cette allée longue, étroite, légèrement inclinée et ombragée par deux rangs de sapins. On trouve à droite sur la pente du côteau une plaine d'où l'on jouit de l'agréable perspective du château avec sa longue galerie ; on aperçoit le verger bien planté d'arbres fruitiers, des bosquets dont la verdure ravissante se marie aux branches de magnifiques peupliers aussi élancés dans les airs et aussi gros que ceux sur lesquels Hercule cueillit des feuilles pour se faire une couronne avant de descendre aux enfers. On découvre enfin le village de St-Père et l'église surmontée par le clocher. C'est ordinairement de cet endroit qu'on dessine le château : la vue en est imposante et majestueuse. Arrivé à l'endroit où cesse l'inclinaison de la jolie allée qu'on parcourt, on peut prendre à droite un petit sentier tortueux qui conduit à la basse-cour ; mais on y arrive plus commodément en continuant de suivre l'allée de Mouchy. Bâtie par M. le comte de St-Roman sur un dessin suisse, elle est avantageusement divisée ; une étable bien meublée fournit à la laiterie extrêmement propre qui est sous le même toit, une partie des trésors et des délices de la campagne. Un joli colombier, de forme ronde sur une base octogone, la domine ; il est placé sur la pente de la colline devant un rideau très étendu de sapins, entremêlés d'arbrisseaux de diverses espèces. Cette basse-cour, habitée par des êtres utiles, ne sera pas visitée sans intérêt par le philosophe. L'effet qu'elle produit est charmant et des plus pittoresques. Au retour de cette belle promenade, on vient se reposer sur un banc qui unit deux ormes centenaires, appelés les deux amis. On ne peut sortir du parc sans prendre la résolution de le revoir bientôt.

XXVII. Si l'on veut contempler l'aspect imposant qu'offre l'ensemble de ce jardin,

où la grâce a rencontré la nature, il faut
monter à la colonne. Elle se trouve dans
le petit parc, seulement séparé du grand
par un chemin public, sur lequel M. de
Laborde a fait jeter un pont, n'ayant pu
en obtenir de la commune la cession néces-
saire pour réunir les deux parcs. Elle a
cent pieds de hauteur ; l'escalier, en forme
de limaçon, qui conduit à l'entablement,
est de cent quatre-vingt-dix-neuf marches.
Cette colonne est sur le modèle de celle qui
fut érigée à Rome pour consacrer le souve-
nir de la victoire de l'empereur Trajan sur
les Daces. Monument de vanité qui semble
annoncer au loin : ici est le château de
Méréville ! Elle écrase le parc par sa hauteur démesurée ; et son isolement est d'un
mauvais effet. On voit d'un côté, il est vrai,
deux bâtimens qui servaient jadis d'écuries ; et de l'autre, le petit château, maison
en briques d'une grande simplicité dans
ses dehors, et dont l'intérieur, autrefois en
stuc et en bois d'acajou, était d'une grande

beauté. Mais ces fabriques, les seules qui restent de quatorze qui ornaient ce petit parc, ne sont pas assez hautes pour servir d'accompagnement à la colonne; placées sur la pente d'une colline, elles contribuent cependant à former d'agréables points de vue. Lorsqu'on a considéré le parc coupé par les divers bras de la rivière, orné de beaux monumens qui apparaissent majestueusement au milieu des arbres magnifiques qui les environnent, enrichi d'une verdure belle et variée, de massifs et de bosquets ombragés par le grand feuillage des catalpas; la vue se porte sur une plaine vaste qui termine l'horizon dans un lointain sans borne, et semble unir le ciel et la terre. Quel n'est pas l'étonnement du voyageur, après avoir remarqué dans le parc une nature aussi riante, qui développe abondamment le germe de la vie des plantes, de n'apercevoir qu'une plaine pierreuse et qui semble dénuée de végétation! pas une colline, pas un rocher ne s'élève comme une île au milieu de ce vide immense ; on voit seulement çà et là des remises ou mauvais taillis qui servent de lieux de repos aux perdrix et aux lièvres, et deux ou trois villages (1). Ainsi que l'océan, la plaine remplit l'esprit du sentiment de l'infini ; mais l'aspect de la mer est embelli par le perpétuel roulement des vagues écumeuses ; tandis que la plaine, dans sa vaste étendue, ne présente que le silence et la mort.

Toutes les beautés du parc, comme œuvre de la nature, seraient admirables ; mais combien paraissent-elles étonnantes et merveilleuses quand on se représente qu'elles ont eu M. de Laborde pour auteur, et

(1) Dans un beau jour d'été, l'œil perçant découvre, dit-on, au nord-ouest, les clochers de la cathédrale de Chartres, éloignée de 12 lieues.

qu'avant lui rien de ce qui est n'existait. Et, le croirait-on? ces lieux enchanteurs ont été menacés d'une ruine affreuse, d'une destruction totale. Si M. Despagnac n'eût trouvé à qui vendre la terre de Méréville, il était déterminé à tout raser; il eût détruit ce que le vandalisme révolutionnaire qui dévasta la France avait épargné. La hache devait abattre ces arbres magnifiques, ces bosquets charmans, ces massifs et ces bocages remplis de fleurs, de fruits et d'oiseaux ; la charrue devait sillonner la terre où l'on voit ces temples si riches, ces grottes si belles, ces monumens qui font l'admiration des connaisseurs ; la fange épaisse du marais, les herbes, les roseaux allaient s'emparer des eaux poissonneuses sur lesquelles on fait d'agréables promenades en bateau, et sur lesquelles voguent avec majesté des compagnies de cygnes qui en font l'ornement. Mais, grâces en soient rendues à M. le comte de Saint-Roman! cette belle habitation, arrachée à une ruine affreuse, est passée dans sa famille et deviendra la propriété des héritiers de son nom et de ses vertus. Homme recommandable non moins par son bon goût et son amour pour les arts que par sa haute probité, son instruction et sa sincérité profonde dans ses opinions, il le conservera aux arts, aux amateurs de la nature et du beau, et aux habitans de Méréville, heureux de posséder parmi eux une famille dont la joie et le bonheur est de se rendre utile, de répandre dans le sein des malheureux de saintes consolations, de bons avis et d'abondantes aumônes ; famille dans laquelle la vertu se communique avec le sang, s'entretient par les sages conseils et s'excite par les grands exemples. Réjouissez-vous, bons Mérévillois ; vous avez conservé un précieux domaine qui vous procure des avantages de plus d'un genre, qu'il vous est facultatif de visiter, et qui par-là même est devenu pour vous un jardin public. Il doit vous être bien agréable, les jours consacrés au repos et à la gloire de

Dieu, de venir dans ce temple de la nature adorer l'auteur de toutes choses, car, « c'est » au milieu de l'univers que la contempla- » tion des merveilles de la nature fait con- » naître celui dont elle dépend; » d'errer sur les côteaux, dans les bois, sur des pelou- ses plus douces que les tapis d'Aubusson, et qu'embellissent chaque jour de nouvel- les fleurs et de nouveaux parfums ; de par- courir les allées sablées qui serpentent au- tour des massifs composés, les uns d'éra- bles, de tulipiers, de noyers, de tilleuls, de cotonniers, d'acacias, de marronniers, dont les fleurs répandent l'odeur la plus suave ; de catalpas avec leurs fleurs odoriférantes et un large feuillage pour former de grandes ombres et abriter de la chaleur ; les autres, de mélèzes avec leurs cônes d'un beau vio- let, d'ormes, de frènes, d'alisiers, d'arbres de Judée, dans les branches desquels des vignes-vierges pendantes, qui flottent com- me des draperies au gré des vents, s'entrela- cent, et les décorent de la manière la plus

agréable, en opposant à leurs feuillages d'autres feuillages, et à leur verdure des feuilles d'un rouge pourpré. Ici c'est un bouquet
de hêtres développant leur superbe feuillage, de chênes majestueux couverts de
feuilles épaisses qui résistent à l'hiver, de
bouleaux qui agitent leurs feuilles suspen-
dues perpendiculairement à leurs rameaux
par de longues queues mobiles. Là c'est un
bois de merisiers sauvages qui embaument
les airs et semblent couverts de neige au
milieu du printemps, de néfliers entr'ou-
vrant leurs larges fleurs aux extrémités
d'un rameau cotonneux, de peupliers qui
redressent leurs branches en obélisque.
Dans un endroit les buissons donnent des
fleurs, les églantiers épanouissent leurs guirlandes fraîches et variées, les chèvrefeuilles
déroulent leur tendre verdure et parfument
l'air; dans un autre, le sorbier est couvert
de baies écarlates, l'aubépine embaumée se
couronne de nombreux bouquets, les ron-
ces laissent pendre leurs grappes d'un bleu

mourant. Les bocages et les bords des eaux
sont garnis de saules nombreux, d'aunes et
de saules-pleureurs magnifiques dont les
branches tombant jusqu'à terre couvrent
de grands espaces. Partout la vue s'arrête
sur des arbres remarquables par la beauté
et la diversité de leurs verdures, de leurs
feuillages de leurs fleurs ou de leurs fruits.
Que cette nature est belle et admirable!
Oh! qu'il est doux de sortir des bras du
sommeil, de ce lit de paresse, pour aller
jouir des heures tranquilles, fraîches et
balsamiques, si propres à la méditation; de
suspendre ses occupations pour venir contempler la nature dans le silence des bois,
lorsqu'on n'entend que les chants harmonieux des oiseaux, les notes monotones du
coucou et de la tourterelle servant de base
aux ravissants concerts du rossignol, et
aux accords vifs et gais de la fauvette; au
lever de l'aurore, lorsque tout est chargé
de gouttes de rosée qui argentent les flancs
des côteaux, les rochers, les nappes de

mousse de la plus tendre verdure, les arbres, les bords des ruisseaux, les toiles flot-
tantes que tendent sur le génévrier, le genêt doré, le viorme-aubier, les cruelles
araignées pour attraper des mouches ; lorsque le puissant roi du jour se lève dans l'O-
rient, dissipe les nuages, azure le ciel, et
que ses longs rayons dorent les cîmes des
arbres et traversent les massifs! Est-il rien
de plus charmant que d'étudier la nature et
de suivre sa voix, de mois en mois et de
jour en jour, pendant tout le cours de l'année ; de l'admirer et de la considérer dans
toutes ses formes ; de voir paraître succes-
sivement, au milieu des bocages, la pervenche et l'anémone nemerosa, dont les
réseaux recouvrent d'un tapis vert et lus-
tré les mousses et les feuilles desséchées par
l'année précédente ; à l'orée des bois, les
primères, les violettes et les marguerites
qui disparaissent, pour faire place à l'hya-
cinthe bleue, à la crucianelle, au muguet
parfumé, au bassinet doré et vernissé ; à l'i-

ris à flambe bleue? Ici s'épanouissent les fleurs du fraisier, celles du sceau-de-Salomon qui sont remplacées par les bleuets, le seringat avec ses fleurs rosacées et odoriférantes ; là croissent le safran avec son pétale bleu et ses étamines dorées, le bouillon-blanc à fleur jaune et odorante, les scabieuses. Des nuées de papillons peints de mille couleurs, volent sans bruit, sur toutes ces fleurs ; l'abeille et le bourdon vont en murmurant, sucer leurs corolles mielleuses. Lorsque le soleil penché, vers le sud, darde obliquement ses rayons émoussés dans l'air épais, et répand à peine un faible jour sur le monde ; lorsque l'hiver triste, sombre, a ramené sa suite redoutée, les frimas, a exercé sa cruelle influence sur toute la nature, et ne permet plus de parcourir avec plaisir la campagne, privée de sa robe éclatante que lui avait donnée l'aimable printemps, l'amateur de la nature peut admirer ses nouveaux accords, et se promener dans les belles allées du parc,

couvertes d'un enduit solide et sablées. Il
ne verra pas sans satisfaction les sombres
sapins, qui élèvent perpendiculairement
leurs longues flèches toujours vertes, in-
clinent leurs branches vers la terre et gar-
dent leurs feuilles toute l'année ; les pins,
qui arrondissent leurs branches en tête de
champignon ; les cyprès, qui tournent les
leurs en quenouille ; l'if, le houx épineux ,
le laurier faux benjoin , le neprun alaterne
à feuilles panachées de jaune, toujours
verts. Les fruits noirs du troène , la mure
d'un bleu sombre , le fruit de corail de l'é-
glantier , la baie du myrtille , brillent souvent au sein des neiges , et offrent aux petits
oiseaux leur nourriture et un asile pendant
la saison rigoureuse. J'ignore quelle impres-
sion fait sur les autres la vue de tant de beautés et de tant de bienfaits ; pour moi, je ne
puis les considérer sans bénir l'être suprême
qui donne à la terre la fécondité, et procla-
mer sa puissance et sa bonté ; sans regarder
cette retraite tranquille, cette solitude fleu-

rie, ce jardin toujours vert comme un livre ouvert où l'ame découvre les merveilles de Dieu , qui suffisent pour le faire aimer , et dont la contemplation fait éprouver les sensations les plus capables de plaire et d'émouvoir. Qui ne parcourrait ce beau jardin, quand mille douceurs l'attendent à la promenade champêtre et solitaire, surtout du matin ?

Dans le mois de Floréal, l'an II de la république, il fut fait, par ordre du gouvernement, un inventaire des objets de botanique qui étaient dans les jardins de Méréville. Il s'y trouva 119 genres de plantes vivantes, comprenant 225 espèces, dont voici les principales et les plus nombreuses:

PLANTES VIVANTES

DANS LE PARC DE MÉRÉVILLE.

Noms français génériques et spécifiques des végétaux.

Ailante glanduleux.
Alisier-allouchier.
Alisier-allouchier à feuilles longues.
Alisier-amelanchier.
Alisier de Fontainebleau.
Alisier du Mont-d'Or.
Alisier à feuilles d'arbousier.
Amandier-pêcher à fleur double.
Amandier-nain.
Amorpha, faux indigo.
Arbousier-unedo.
Baguenaudier en arbre.
Baguenaudier d'Orient.
Bignone-Catalpa.
Bignore à feuilles pinnées.
Blancs de Hollande.
Buplère ligneux.

Buis panaché.
Chalef à feuilles étroites.
Charme commun.
Chêne-yeuse denté.
Chêne-liége.
Chèvrefeuille à petites fleurs.
Chèvrefeuille des jardins.
Chèvrefeuille toujours vert.
Chèvrefeuille à feuilles panachées.
Chèvrefeuille de Virginie.
Cerisier laurier-cerise.
Cerisier-azarero.
Cerisier-pade.
Cerisier-mahaleb.
Cerisier-merisier à fleur double.
Cerisier à bouquets.
Cirier-gale.
Cissus à cinq feuilles.
Cniquier dioïque.
Copalme d'Orient.
Copalme-styrax.
Cornouiller mâle.
Cornouiller de Virginie.
Cytise à feuilles sessiles.
Cytise des Alpes.
Cyprès à feuilles d'if.
Daphné lauréole.
Epine-aubépine à fleur double.
Epine-aubépine à fleur rouge.
Epine-aubépine à fleur rouge double.
Epine-azerolier de Provence.
Epine à fruit jaune.
Epine écarlate.
Epine à feuilles de poirier.
Epine luisante.

Epine buisson ardent.
Epine-nêfle sans noyau.
Epine-vinette commune du Canada.
Erable lacinié.
Erable jaspé.
Erable sicomore.
Erable sicomore panaché.
Erable plane.
Erable à feuilles de frêne.
Erable rouge.
Fevier à trois pointes.
Frêne à une feuille.
Frêne à mèche.
Frêne de la Caroline.
Genévrier de Virginie.
Genévrier sabine.
Gesse sauvage.
Ginka bilobab.
Groseiller à fruit rouge.
Groseiller à fruit blanc.
Groseiller cassis.
Groseiller à maquereau.
Guanier, arbre de Judée.
Hêtre châtaignier.
Hêtre des bois.
Houx épineux.
If d'Europe.
Iris flambe bleue.
Jasminoïdes à feuilles obliques.
Jasmin cythise.
Jasmin d'Italie.
Ketmie des jardins.
Ketmie des jardins à fleurs blanches.
Laurier faux-benjoin.
Lilas des jardins.

Lilas de Marly.
Lilas des jardins à fleurs blanches.
Lilas de Perse.
Lilas de Perse lacinié.
Maronnier d'Inde.
Maronnier paria.
Maronnier jaune.
Melèse, cèdre du Liban.
Melèse à gros fruit.
Millepertuis androsème.
Millepertuis arbrisseau.
Millepertuis à grandes fleurs.
Micoucoulier d'Occident.
Micoucoulier d'Orient.
Mûrier blanc.
Mûrier blanc à feuilles entières.
Mûrier noir.
Mûrier à papier.
Neprun-alaterne.
Neprun-alaterne à feuilles panachées de
    jaune.
Noyer à feuilles de frêne.
Noyer noir.
Periphoca de Grèce.
Pervenche à petites feuilles.
Pervenche panachée.
Pervenche bleue à fleur double.
Pervenche à fleur blanche.
Peuplier blanc.
Peuplier d'Athènes.
Peuplier d'Italie.
Peuplier baumier.
Peuplier de la Caroline.
Peuplier du Canada.
Pin de Genève.

Pin maritime.
Pin de Jérusalem.
Pin de Weimout.
Platane d'Occident.
Platane à feuilles d'érable.
Platane d'Orient.
Pontentille ligneuse.
Ptelea à trois feuilles.
Robinia sans épines.
Robinia, faux acacia.
Robinia rose.
Robinia caragana.
Ronce à fleur blanche double.
Ronce du Canada.
Rosier jaune.
Rosier canelle.
Rosier de Bourgogne.
Rosier de Hollande.
Rosier panaché.
Sapin à feuilles d'if.
Sapin baumier de Gilead.
Sapin epicea.
Sapin épinette noire.
Saponaire officinale double.
Saule de Babylone.
Seringat des jardins.
Seringat nain.
Sophora du Japon.
Sorbier des oiseleurs.
Sorbier hydria.
Sorbier cormier.
Sparte, genêt d'Espagne.
Staphylea pinné.
Sumac de Canada.
Sumac fustet.

Sureau commun panaché.
Sureau noir lacinié.
Sureau à grappes.
Sureau du Canada.
Tamaris d'Allemagne.
Tamaris de Narbonne.
Tanaisie, menthe de coq.
Thamnoïdes écailleux.
Thuya à fruit lisse.
Thuya à fruit rude.
Tilleul d'Europe.
Tilleul d'Amérique.
Tulipier de Virginie.
Viorne aubier.
Viorne aubier boule de neige.

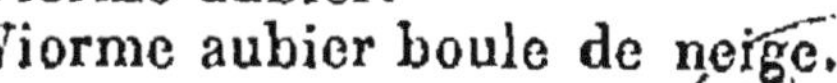

TABLE.

Epitre dédicatoire.	Pag.	5
Méréville.		7
I. Le château.		8
II. Le vestibule.		12
III. La grande salle à manger.		13
IV. La petite salle à manger.		Id.
V. Le grand salon.		14
VI. La salle de billard.		Id.
VII. La salle d'acajou.		15
VIII. Les chambres à coucher.		Id.
IX. La chapelle.		Id.
X. Du parc.		17
XI. Points de vue au nord-ouest et à l'est du château.		20
XII. Le pont des Roches, la petite cascade.		24
XIII. Le pont des Boules d'or; perspective du château, perspective du grand lac.		25
XIV. La colonne rostrale.		27
XV. Le moulin du pont.		28

XVI. La laiterie.   pag. 50

XVII. Le pavillon de la cascade, les grottes de la cascade, la cascade, le petit lac.   53

XVIII. Les trois grottes solitaires.   58

XIX. Le sarcophage de Cook.   59

XX. Le pont d'acajou, l'ile Natalie.   42

XXI. Bacchus.   43

XXII. Les grottes du Pont-des-Ruines, le Pont-des-Ruines ou du Diable.   44

XXIII. Le grand temple.   46

XXIV. La terrasse du potager.   48

XXV. Le petit temple.   49

XXVI. Vue du château au nord-ouest, la basse-cour.   50

XXVII. La colonne, le petit parc.   52

Plantes du Parc.   65

1
5
3
7
2
3

4
6
8
19

50
52
65

www.ingramcontent.com/pod-product-compliance
Ingram Content Group UK Ltd.
Pitfield, Milton Keynes, MK11 3LW, UK
UKHW020031100726
13658UKWH00003B/1248